Die

Engel im
himmlischen
Köln

EMONS

*Denn er hat seinen Engeln befohlen,
daß sie dich behüten auf allen deinen
Wegen, daß sie dich auf den Händen
tragen und du deinen Fuß nicht an
einen Stein stoßest.*

Psalm 91

Die Liebe eines Engels jedoch ist erhaben, göttlich, anbetungswürdig; sie steht weit – unendlich weit – jenseits der Vorstellungskraft des Menschen. Mark Twain

Und der Engel sprach zu ihr: Fürchte dich nicht, Maria, du hast Gnade bei Gott gefunden. Siehe, du wirst schwanger werden und einen Sohn gebären, und du sollst ihm den Namen Jesus geben. *Lukasevangelium 1*

Süße, stille Weihnacht –

Englein halten fromme Wacht,

Schweben um dich leis und lind:

Schlafe, holdes Jesukind!

Franziska Rademaker

Wer bist du, süße, reizende Gestalt?

Gefühle, die im Grund der Seele schliefen,

Hast du geweckt mit magischer Gewalt;

Gefesselt ist mein ganzes, tiefstes Wesen,

Und Kraft und Wille fehlt, das Band zu lösen!

Franz Grillparzer

Engel, die Gott zugesehn,

Sonn und Mond und Sterne bauen,

Sprachen: Herr, es ist auch schön,

Mit dem Kind ins Nest zu schauen.

Clemens von Brentano

Er ging noch näher und erkannte im schwachen Licht einen steinernen Engel mit wallenden Locken, der eine Lilie in der Hand hielt; er beugte sich vor, bis sein Kinn fast die Brust der Figur berührte, und blickte lange mit einer seltsamen Freude in dieses Gesicht, das erste Gesicht, das ihm in der Stadt begegnete: das steinerne Antlitz eines Engels, milde und schmerzlich lächelnd.

Heinrich Böll

Und der Engel des Herrn trat zu ihnen, und die Klarheit des Herrn leuchtete um sie; und sie fürchteten sich sehr. Und der Engel sprach zu ihnen: Fürchtet euch nicht! Siehe, ich verkündige euch große Freude, die allem Volk widerfahren wird.   *Lukasevangelium 2*

Bleibt, ihr Engel, bleibt bei mir!

Führet mich auf beiden Seiten,

dass mein Fuß nicht möge gleiten.

Aber lernt mich auch allhier

euer großes Heilig singen und

dem Höchsten Dank zu bringen.

Johann Sebastian Bach

Wie heimlicher Weise

Ein Engelein leise

Mit rosigen Füßen

Die Erde betritt,

So nahte der Morgen.

Jauchzt ihm, ihr Frommen,

Ein heilig Willkommen,

Ein heilig Willkommen!

Herz, jauchze du mit!

Eduard Mörike

Und so offenbaren sie durch ihre Gesichter, in denen Gott auch die Werke der Menschen genau erkennt, an sich die Schönheit der Vernunft.

Hildegard von Bingen

Hütet euch davor,

einen von diesen Kleinen zu verachten!

Denn ich sage euch:

Ihre Engel im Himmel sehen stets

das Angesicht meines himmlischen Vaters.

Matthäus 18

Im Frühling auf grünem Hügel

Da saßen viel' Engelein

Die putzten sich ihre Flügel

Und spielten im Sonnenschein.

Joseph von Eichendorff

Erst das Staunen über uns zwei,

das Staunen über den Mann und die Frau

hat mich zum Menschen gemacht.

Ich weiss jetzt was kein Engel weiss.

Peter Handke

Vom Himmel hoch, da komm ich her,

Ich bring euch gute neue Mär,

Der guten Mär bring ich so viel,

Davon ich singen und sagen will.

Martin Luther

Abends wenn ich schlafen geh,

vierzehn Englein um mich stehn,

zwei zu meiner Rechten,

zwei zu meiner Linken,

zwei zu meinen Häupten,

zwei zu meinen Füßen,

zweie die mich decken,

zweie die mich wecken,

zweie die mich weisen

zu den himmlischen Paradeisen.

Engelbert Humperdinck

Und auf dem Rande saß,

das Flügelpaar noch regend,

ein Engel, wie der Blitz erscheint,

und sein Gewand

so weiß wie junger Schnee.

Heinrich von Kleist

Da die Hirten ihre Herde

Ließen und des Engels Worte

Trugen durch die niedre Pforte

Zu der Mutter mit dem Kind,

Fuhr das himmlische Gesind

Fort im Sternenraum zu singen,

Fuhr der Himmel fort zu klingen:

»Friede, Friede, auf der Erde!«

Conrad Ferdinand Meyer

Ich vergöttliche ihn, damit er mir

nirgends mehr begegne, bildhaft-

unveränderlich sei, ich stets hin-

blicken dürfe, je nach Bedürfnis

und Belieben, Mut aus dem

Anblick holend.   Robert Walser

»Engel« bezeichnet das Amt, nicht die Natur. Fragst du nach seiner Natur, so ist er ein Geist; fragst du nach dem Amt, so ist er ein Engel: seinem Wesen nach ist er ein Geist, seinem Handeln nach ein Engel.

Augustinus

Geliebte Seele, hör' mir zu,

dem Engel dein bist du vertraut.

Wenn du ihm folgst, so rät er dir,

wenn du ihm klagst, so tröstet er,

wenn du in Not, er betet für dich,

und wenn du schläfst, er hütet dich.

Änne Perl

Der liebe Gott weiß, daß ich kein Engel bin,

ein kleiner Teufel steckt doch in jedem drin!

Der liebe Gott weiß, daß ich kein Engel bin,

aber das mit dem Himmel kriegen wir schon hin.

Karnevalslied

*Ein Engel ist
nichts anderes
als die Idee Gottes.*

Meister Eckhart

Alle Geheimnisse,

die Engel eingeschlossen,

liegen in völliger Dunkelheit vor uns.

Christian Morgenstern

Lasst uns den Engel rufen,

wenn einst am Jüngsten Tag

er zu des Thrones Stufen

die Welt entbieten mag,

dass er die Flügel breite

und aus dem Endgericht

uns selig heimgeleite

vor Gottes Angesicht.

Marie Luise Thurmair

Ihre Gesichter leuchteten von Bildern; ihre Stimmen trugen die langen, lieblichen Noten der Arien; sie kamen herab, um Körper und Seele kleiner Kinder zu entführen; sie sangen und saßen in den Bäumen; sie waren die wahre und heilige Verbindung der Worte in der Poesie. Mark Helprin

Sie kommen noch immer durch den
aufgebrochenen Himmel,
die friedlichen Schwingen ausgebreitet,
und ihre himmlische Musik schwebt
über der ganzen müden Welt.

William Shakespeare

O kommt, bringt Frieden,

ihr Engel des Friedens,

ihr Boten des Höchsten.

Ihr kommt ja vom König

der Könige her, vom Heiligen,

gelobt sei ER.

Jüdische Sabbathymne

Ehre sie Gott in der Höhe und Friede den Menschen auf Erden, die guten Willens sind. Diese Botschaft der Engel bei der Geburt Christi sei uns ein Trost, eine Freude, eine Hoffnung.

Konrad Adenauer

Und ich sah einen andern Engel fliegen mit-
ten durch den Himmel, der hatte ein ewiges
Evangelium zu verkündigen denen, die auf
Erden wohnen, allen Nationen und Stämmen
und Sprachen und Völkern. *Offenbarung des Johannes 14*

Ja, es stieg auch mir ein Engel nieder,

Und auf leuchtendem Gefieder

Führt er, ferne jedem Schmerz,

Meinen Geist nun himmelwärts!

Mathilde Wesendonk

Ein Engel ist jemand,

den Gott dir ins Leben schickt,

unerwartet und unverdient,

damit er dir, wenn es ganz dunkel ist,

ein paar Sterne anzündet. Phil Bosman

Jedesmal, wenn ein gutes Kind stirbt, kommt ein Engel Gottes zur Erde hernieder, nimmt das tote Kind auf seine Arme, breitet die großen, weißen Flügel aus und pflückt eine ganze Handvoll Blumen, die er zu Gott hinaufbringt, damit sie dort noch schöner als auf der Erde blühen. Gott drückt sie dort an sein Herz, aber der Blume, die ihm die liebste ist, gibt er einen Kuß, und dann bekommt sie Stimme und kann in der großen Glückseligkeit mitsingen. Hans Christian Andersen

Doch die Existenz der Engel,

die bezweifelte ich nie;

Lichtgeschöpfe sonder Mängel,

hier auf Erden wandeln sie.

Heinrich Heine

Und als sie ihm nachsahen,
wie er gen Himmel fuhr, siehe,
da standen bei ihnen zwei Männer
in weißen Gewändern.

Apostelgeschichte Kap. 1

Was ist die Weisheit eines Buchs

gegen die Weisheit eines Engels?

Friedrich Hölderlin

Sie haben alle müde Münde

und helle Seelen ohne Saum.

Und eine Sehnsucht (wie nach Sünde)

geht ihnen manchmal durch den Traum.

Rainer Maria Rilke

Jauchzet, ihr Himmel,

frohlocket, ihr Engel in Chören!

Singet dem Herren,

dem Heiland der Menschen,

zu Ehren!   Gerhard Tersteegen

Seit mich mein Engel nicht mehr bewacht,

kann er frei seine Flügel entfalten

und die Stille der Sterne durchspalten,

denn er muss meiner einsamen Nacht

nicht mehr die ängstlichen Hände halten;

seit mich mein Engel nicht mehr bewacht.

Rainer Maria Rilke

Ich habe dich geliebet

und ich will dich lieben,

so lang' Du goldner Engel bist;

In diesem wüsten Lande

hier und drüben

im Lande, wo es besser ist.

Matthias Claudius

W

Wir kommen alle, alle,

alle in den Himmel,

weil wir so brav sind,

weil wir so brav sind,

Das sieht selbst der Petrus ein,

er sagt: Ich laß' gern euch rein.

Ihr ward auf Erden schon

die reinsten Engelein. Jupp Schmitz

*Und so offenbaren sie durch ihre
Gesichter, in denen Gott auch die
Werke der Menschen genau erkennt,
an sich die Schönheit der Vernunft.*

Hildegard von Bingen

Und ich sah, und ich hörte

eine Stimme vieler Engel

um den Thron und um die Gestalten

und um die Ältesten her,

und ihre Zahl war

vieltausendmal tausend.

Offenbarung des Johannes 5

*Das ist die köstliche Engelpredigt, da kommen
viel tausend andere Engel und heben eine
schöne Musik an, daß, gleich wie die Predigt
eine Meisterpredigt ist, also folgt auch ein
schöner Meistergesang darauf, ein englischer
Gesang, den man vorher in der Welt nie
gehört hat.*

Martin Luther

Engelsordeil

Der Herrgott soß ens wohlgemot en singem Himmelszelt;
do reef hä sich fünf Engel her un scheck se en de Welt.
Se sollten spioneere gon, wat innen op der Äd
für Aug un Ohr, Nas, Mungk un Hätz et beß gefallen dät.

Wie no en Zick verledde wor, stallt sich der eeschte en,
maht schön sing Reverenz un säht: "Su wick gereist ich ben,
en Nord un Oß un Süd un Weß, su wick mien Aug och ging,
ich sohch nix Schön'res als der Dom em hellige Köln am Rhing!
Köllen alaaf!"

Dann trot der zweite Engel vör un maht nen deefe Knix:
"Ich han", säht hä, "vill Schöns gehoot, doch sag'n ich wigger nix,
als datr vun all dä Klänge, die der Schall zom Ohr meer drog,
meer keine klung su söß un traut als wie de kölsche Sproch!
Köllen alaaf!"

Et Stündchen drop, do kom der drette, stallt sich Puistor
un säht: "Ich pröfte jeden Duff en Gade, Feld un Flor;
do gov et Wohlgeröche, die ich wirklich himmlisch fung;
doch Här, et Fingste för de Nas, dat wor Odekolung!
Köllen alaaf!"

Rääch spät et wor ald Ovend, schwank der veerte Engel her;
hä groß der Här nor leicht mem Kopp, ne Knix feel im zo schwer.
"Bromosium un Nektar" säht hä "eß jo alles Dreck!
Probeet nor ens en ech Lgas Kölsch - ich sagen Üch, dat schmeckt!
Köllen alaaf!"

Der fünfte Engel ävver, dä vum Hätze gov Berich,
dä schekct dem Här e Tillegramm, dateet vum Gözenich:
"Ich setzen he om Maskenball glöcksillig en net Grott
un han e leev kölsch Weech em Ärm - mich kritt he keiner fott!
Köllen alaaf!"

Max Meurer

Zu den Abbildungen

Umschlagfront: Die Muttergottes mit dem Veilchen (Detail); Stefan Lochner, um 1440; Kolumba, Köln

Seite 3: Die Muttergottes mit dem Veilchen (Detail); Stefan Lochner, um 1440; Kolumba, Köln

Seite 5: Christus segnet die Märtyrer Viktor und Gereon; Elfenbeinschnitzerei (Detail), um 1000; Museum Schnütgen

Seite 7: Verkündigung an Maria; Außenseite eines linken Altarflügels (Detail), Tannenholztafel, um 1420; Wallraf-Richartz-Museum – Fondation Corboud

Seite 9: Muttergottes mit Engeln; Palanter Alter (Mittelteil); Nussbaumholz mit alter Fassung; 1429; Kolumba, Köln

Seite 11: Engel als Diakon; farbige Holzskulptur (Detail); um 1530; Museum Schnütgen

Seite 13: Engel reichen dem Jesuskind Äpfel; Detail aus der Madonna im Rosenhag; Stefan Lochner, 5. Jahrzehnt des 15. Jahrhunderts; Wallraf-Richartz-Museum – Fondation Corboud

Seite 15: Verkündigungsengel vom Grabmal Friedrich von Saarwerden († 1414); Sandsteinstatuette; Kölner Dom

Seite 17: Die Verkündigung an die Hirten aus den Bildtüren von St. Maria im Kapitol; Relief aus Nussbaumholz, vor 1065; St. Maria im Kapitol

Seite 19: Musizierende Engel in Architekturrahmung; Glasmalerei, um 1310; Museum Schnütgen

Seite 21: Harfespielender Engel; Detail aus der Madonna im Rosenhag; Stefan Lochner, 5. Jahrzehnt des 15. Jahrhunderts; Wallraf-Richartz-Museum – Fondation Corboud

Seite 23: Türklinke vom Hauptportal des Kölner Doms; Bronzeguss, Ende 19. Jahrhundert; Kölner Dom

Seite 25: Drei schwebende Engel mit Spruchband; Detail aus der Verherrlichung und Krönung Mariä; Eichenholztafel, um 1470; Wallraf-Richartz-Museum – Fondation Corboud

Seite 27: Engel mit Seifenblase aus dem Petrus-Wurzel Jesse-Fenster im nördlichen Seitenschiff des Kölner Doms; um 1509; Kölner Dom

Seite 29: Engel mit Lilienstab; bemalte Steinskulptur (Detail), Mitte 19. Jahrhundert, Groß St. Martin

Seite 31: Engel der Verkündigung (Detail); Meister der Verherrlichung Mariä, Eichenholztafel, um 1460; Wallraf-Richartz-Museum – Fondation Corboud

Seite 33: Zwei Leuchterengel; farbige Holzskulpturen; Mitte des 15. Jahrhunderts; Museum Schnütgen

Seite 35: Engel von einem Grabmal (Detail); 19. Jahrhundert, Friedhof Melaten

Seite 37: Geburt Christi; Walrosszahnrelief, 3. Viertel des 12. Jahrhunderts; Museum Schnütgen

Seite 39: Erzengel Gabriel von der Verkündigungsgruppe am Eingang der Chorhalle von St. Kunibert (Detail); farbig gefasste Steinskulptur, 1439; St. Kunibert

Seite 41: Der sogenannte Kamm des hl. Heribert; Elfenbein, 2. Hälfte des 9. Jahrhunderts; Museum Schnütgen

Seite 43: Engel zu Seiten des Marienthrones, Detail aus der Verherrlichung Mariä, Eichenholztafel, um 1470; Wallraf-Richartz-Museum – Fondation Corboud

Seite 67: Ein Engel nimmt die Seelen ursulanischer Märtyrerinnen auf; Detail aus einer Tannenholztafel mit dem Martyrium der hl. Ursula in Köln; um 1456; Wallraf-Richartz-Museum – Fondation Corboud

Seite 69: Schalmeispielender Engel von einem Grabmal; 19. Jahrhundert, Friedhof Melaten

Seite 71: Himmelfahrt Christi; Elfenbeinschnitzerei, Anfang des 11. Jahrhunderts; Museum Schnütgen

Seite 73: Schwebender Engel mit Spruchband; Detail aus der Verherrlichung und Krönung Mariä; Eichenholztafel, um 1470; Wallraf-Richartz Museum – Fondation Corboud

Seite 75: Kinderengel von einem Grabmal (Detail); 19. Jahrhundert, Friedhof Melaten

Seite 77: Maria im Paradiesgarten; Eichenholztafel (Detail); Meister von St. Laurenz, um 1420; Wallraf-Richartz-Museum – Fondation Corboud

Seite 79: Engel aus den Arkadenzwickeln des Mittelschiffs von St. Mariä Himmelfahrt; Steinrelief mit Vergoldung, vor 1628, St. Mariä Himmelfahrt

Seite 81: Engel einer Verkündigung (Detail von einem ehemaligen Triptychon); Georg Pencz, um 1535/1540; Lindenholz auf Eichenholz; Wallraf-Richartz-Museum – Fondation Corboud

Seite 83: Kinderengel von der Ostwand der 1644 geweihten Goldenen Kammer von St. Ursula (Detail). Hinter der Holzskulptur Reliquien der 11.000 Jungfrauen; St. Ursula

Seite 85: Zwei Engel aus der Anbetung der Heiligen Drei Könige; Detail aus Stefan Lochners Altar der Stadtpatrone, 5. Jahrzehnt des 15. Jahrhunderts; Kölner Dom

Seite 87: Kasel mit gestickten Engeln (Detail). Die lobpreisenden Engel stammen von 1400 und wurden später auf das priesterliche Gewand aus dem 15. Jahrhundert appliziert. Museum Schnütgen

Seite 89: Lautespielender Engel; Detail aus der Madonna im Rosenhag; Stefan Lochner, 5. Jahrzehnt des 15. Jahrhunderts; Wallraf-Richartz-Museum – Fondation Corboud

Bildnachweis

Helmut Buchen 3, 51, 59, 71; Wolfgang F. Meier 5,
11, 17, 37, 49, 57; Britta Schmitz 7, 13, 21, 25, 29,
31, 35, 39, 43, 45, 55, 63, 67, 69, 73, 75, 77, 79,
81, 83, 89; Lothar Schnepf/Kolumba, Köln 9;
Dombauarchiv 27; Dombauarchiv, W. Kralisch 15;
Dombauarchiv, Matz und Schenk 23, 47, 53, 61, 85;
Rheinisches Bildarchiv Köln 19, 33, 41, 65, 87

© Hermann-Josef Emons Verlag
Alle Rechte vorbehalten
Gestaltung: Ulrike Liermann-Strunden, Köln
Druck und Bindung: Grafisches Centrum Cuno, Calbe
Printed in Germany 2006
ISBN-10: 3-89705-409-4
ISBN-13: 978-3-89705-409-7

Unser Newsletter informiert Sie
regelmäßig über Neues von emons:
Kostenlos bestellen unter
www.emons-verlag.de